밭에서 꺼낸 돌은 탑이 되고

신 은 주 시집

여기에 실린 작품을 텍스트로 한다

시인의 말

저녁 무렵이다.
빗방울 몇 개가 내 머리에 내린다.
나는 그렇게 녀석들을 품어 본다.
속내 묻어두었던 것들, 부끄럽기도 하면서……
나는 하루치 일생을 꺼내묶어 삼각산 아랫마을에 조심스레 내려둔다.
청보리밭에서 무지개가 새침하게 피어오르는 봄이다.
마음까지 따뜻하다.
무겁게 등 떠밀어 주신 김인석 교수님과 부족한 글에도 평설을 맡아주신 김종 교수님, 사랑하는 가족들, 늘 함께하고픈 시 벗님들께 감사드린다.

2024. 3월 어느 저녁 무렵에
신 은 주

차 례

1부

이 순간	11
경계	12
동일시	13
오류	14
빨래	15
늦되는 것	16
번지다	17
깽변	18
고모네 영숙이	20
봄 햇살	22
봄의 전언	23
詩作	24
어린 왕자에게	26
삼각산의 꽃	28
耳順	29

2부

11월	33
육계장	34
마음 그리고 몸	36
바다의 무늬	37
다르다	38
서랍장	40
늦가을 아침	42
하얀 거짓말	43
키 크단 말을 접수하다	44
이월 이십팔일	46
나는 등대를 가졌다	47
마당을 가지고 싶다	48
진달래꽃 소풍	50
싸개 단추	52
기억의 건널목	54

3부

신입 회원	59
숙제	60
아버지	62
구름그늘	63
은영 엄마	64
에너지	66
핏줄	67
가을 한켠에	68
시인학교	70
선운사	72
밤을 먹으며	74
선물	75
이국 풍경	76
안타까운 하루	77
그리우면 달이 뜨드라	78

4부

목련	81
그립다	82
마스크	84
유월	85
일기예보	86
전심의 기도	87
미리 보다	88
만옹정	90
노을아, 너는	91
감기	92
마음	93
감성	94
전어	95
동그라미	96
둥근 심장 속의 그 말씀	97
평설 김 종	98

1부

이 순간

발바닥에서 밀리는 소리가 좋다
눈의 몸통이 밀리는 소리

나무에 붙어있는 눈꽃과
새들도 웃는다

나는 양푼에 한겨울을 무작정 퍼담는다

경계

파도처럼 불안하다
초조하다
누군가 쫓아오는 것 같다
막다른 골목에 서있다

"모든 경계에는 꽃이 핀다*"

아! 불안함이 꽃이 될 수 있다니
넘을 수 있을 때
건너가기 하고 싶다

갇혀 있기 놀이를 하느라
너머의 것을
보지 못했다

넘는다면
나는
그 경계에 하얀 수평선을 새겨넣고 싶다

　　* 한민복의 시 〈꽃〉에서 인용

동일시

시끄러운데 기분이 좋다

피구하는 아이들 소리가 밝고 발랄하다

햇볕이 빠진 배구공으로 녀석들을 맞힐 때마다

내지르는 소리가 13층 내 집까지 쩡쩡하게 울려 퍼진다

둥그런 연못에 갈매기가 떠와서 아이들과 뒤섞이니

땅의 아이들도 같이 놀고 싶다고

나 좀 꺼내 줘 한다

내 유년의

꼬마들을 소환한 오후의 놀이터에

나도 합류한다

오류

늘 이맘때면 안도현의 시 "순서"가
들어오고

12월에 느닷없이 떠오는
꽃들의 살내

질서의 하느님도 실수를 하시는구나

노랑이 일어나고
분홍색 흰색이 피어나니

아, 하느님

당신의 순서는
순진무구한 오류입니다

빨래

2층 단독주택

햇빛 쨍쨍한 날 이불을 베란다 난간에 툭툭 걸치고

햇살을 오래도록 만져보던 기억이 난다

오늘은 옥상 빨랫줄에 바람이라도 널고 싶다

세월의 무늬를 햇살로 펴주고

설크레 얼그러진 기억

몽땅 지워내려는 그 생의 구간

빨랫줄에 오래도록 얹혀놓고 싶다

또 다시 햇볕이 노크한다

구름아래 꼭 꼭 숨겨둔 얼룩에게

늦되는 것

삼각산 길목을 오르다
단풍길 초입에 철쭉이 한 송이 피어있다
오래도록 들추어 본다
마음 그리고 몸이
생채기가 난 걸 몰랐다
늦되었지만 여물게 애써진다
스스로 고립된 자아
경직되어 있다는 것이 무엇인지
삼각산 길목에 핀 철쭉처럼
나의 영사기에도 늦된 빛이 인다

번지다

우리밭 헹기실 뒷밭 옆에
토마토밭 제갈아짐 원두막이 있었다
뒷밭에 갈 때마다 번지는 냄새
꽃이 필 때면 더 알싸한 그 맛
오늘은 베란다 토마토 모종이 꽃을 피웠다
제갈아짐의 원두막 냄새까지 옮겨 온다
나는 폐포를 힘껏 키워
원두막 냄새를 훔친다
사방으로 번져간다

깽변

돌이 많은 석정리와
큰 저수지가 초입에 있는 지산리 사이
큰 냇가가 큰 보를 껴안고
뚝길 사이로 물이 흐른다

나는 그 물줄기 한쪽에서 호미모를 거들고
논뚝길 평평한 곳에
퍼질러 앉아 새참을 먹던
내 어릴 적 깽변

아버지가 탱크 같은 것을 몰고 와
냇가 옆 아카시아 돌밭이 파헤쳐지고

그리고 밭에서 꺼낸 돌들은 탑이 되고
나머지는 깽변 논이 되었던 그 기억

아버지의 청춘이 죄다 들어 있는 그 땅

나의 유년은 그렇게
땅에 대한 애착으로 내 단전에
멍울멍울 달라붙어 있다

아직도 냇물은
아버지의 핏줄처럼 울퉁불퉁 흐르고 있다

고모네 영숙이

달빛 등불을 깊은 하늘이 삼켜버린 늦가을
매운 서리에
줄기 속 꼭꼭 숨은 고구마
담벼락에 조용히 매달려 있을 때

그렇게 우리 마을 뒤 야산 밑으로
고모네는 밤봇짐을 쌌다

그리고 미싱이랑 귀중품은
엄마에게 맡겼다
"아야 넌 아무것도 모르고 못본 거다 알았제 "

그렇게 5학년 어느 날 고모네 내 짝 영숙이도
서울로 갔다

단짝인 영숙이는 내 머리에서 지워져 갔지만
노란 주전자에 할머니 드시라고

무겁게 이고 오신 식혜나 꿩고기 등은
고모와 함께 그리워지곤 했다

"은주야
나 광주 작은아버지 집에 오랜만에 와 있는디
너 좀 보고 싶은디"
아, 어릴 적 코가 웃는 그 목소리

영숙이와 난 많은 얘기를 나누었지만
우리의 5학년 때 얘기는 하지 않았다

봄 햇살

빨랫줄에 묶인 햇살이

등짝을 슬며시 내어준다

배시시 고개 내민 수선화 꽃목

이리저리 흔들리며 조용하다

노구를 끌고 나온 할매

따뜻한 녀석들을 만나려고

고택 헐린 담벼락에

아직도 쭈그리고 앉아있다

봄의 전언

봄비가 내 늑골에 파고든다

티브이에선 백세 할아버지가
할머니의 무덤가에 새싹이 나왔다고 알려준다

할머니는 유구무언

詩作

꽉 걸어 잠근 자물쇠통 쬐끔씩 삐집고 열어본다

노래를 부르려 하고

책을 보려 하고

사물을 세밀히 관찰하게 되고

신기하게 자물쇠는

내 애잔한 머언 기억 몇 개를

농익은 들판처럼 풍성하게 더해 준다

예사소리, 상상력, 체험, 시적 긴장

이런 용어들

지독하게 지워지던 내 삶이 오물거린다

하, 오늘은 유년의 할머니 품을 꺼내어

시 창고의 자물쇠통을 크게 열어 제껴본다

어린 왕자에게

오늘도 부지런히 화산재를 청소하고 있을 너
별나라에서 날 보고 있을까?
무료함이 이끌 때야만 가끔씩
널 만나곤 해

그런데 오늘은 자유로운 영혼의 주인장에게
길들여지고 싶어져서
너의 몸속으로 살짝 입장해 본다

너처럼 별에 번호를 매기지는 않지만
나도 그렇게 하고 싶은 행성이 생겼어
일명 손이 기괴하고 자유로운 영혼이 주인인 곳이야

널 통해서 길들여지는 걸 배웠다면
이 자유로운 영혼이 사는 곳에서는
너는 내 주인장이야

너처럼 별과 별을 건너뛰지는 않지만
이팝나무 꽃잎이 걸어 다니는 거리를 지나
광우당 한약방 2층 옆에 꽃 한 송이 피었지

"동그라미일 땐 꽉 찬, 걸쳐 있을 땐 걸쳐진 소리를 내보세요
가슴속에 돌의 크기는 다 달라요
자신의 크기에 맞는 삽으로 한번 돌을 캐내어 보세요"

지금도 꽃에 열심히 물을 주고 있을 어린 왕자야
오늘도 난 자유로운 영혼에 깊은 것들을 뺏어오려고
힘센 주인장의 별에 가만가만 노크해 본다

삼각산의 꽃

구불구불한 흰 꽃향기가

내 집까지 뛰어든다

찔레 아카시아 짝두리나무

고요를 훔쳐 쥔 식탁 위에

천년 향이 안방 크기만큼 번진다

경계가 없는 봄의 꽃들

오월이 깊이 든다

耳順

이제야 속세 뒤쪽이 티눈만큼 보인다

2부

11월

쭈글쭈글한 붉은 빛깔이

허공 아래쪽 단풍나무에 붙어있다

햇빛을 배반한 잎들과

햇빛을 흡수한 잎들

고개 숙인 채 11월로 서 있다

미처 늙지 못한 뒤처진 가을은

어느 날짜 틈에 끼어

한 날 한 날을 밀어내고 있을까

나는 니들을 몸달게 좋아한다

육개장

고개 숙인 고사리를
허리 굽은 엄마가 끊는다

삶고 말려 채곡채곡 넣어두었던 항아리 안
검정 봉지 들이민다

"육개장 끓여 묵어라"

사흘 동안 우려서
소고기 넣고 끓여 내면
고사리의 고향인
행기실 냄새가 난다

지쳐 들어온 그 이
"어, 육개장 좀 끓여봐"

엄마표 고사리가 끊어진 지
참, 오래다
내 안의 엄마가

봄볕처럼 깊이 흘러 앉는다

마음 그리고 몸

내 몸에 붙어있는
내 마음이 변덕쟁이다

하여, 너네 둘을
떼어놓고 싶다

헌데 꽉 붙어 있다
무겁다
어깨에 걸린 이 돌덩이

딸그락딸그락
소리 내지 말라며
속살거린다

모질도록 마음에 주름이 핀다

바다의 무늬

해당화 꺾어
파도 위에
그린다
너의 둥근 얼굴

조기가 꼬리로 그리는
파장의 연서
또록또록 그린다

사람들이 그린
여름 발자국 위의
그 무늬
소라의 큰 몸속으로 오랫동안 그려넣는다

내가 가진
칠산바다 속으로

다르다

당신 뭐 먹고 싶어?
결혼기념일인데

주꾸미 샤브, 냉이 들어간 것으로

난 멸치회가 먹고 싶네

어느새 주꾸미가 많은 보성을 지나
남해로 향해 가고 있다

남해대교 아래
박원숙의 같이 삽시다
티브이 프로에 나온 맛집이라고 쓰여 있어
대뜸 들어갔다

그이가 원하는 멸치회는 안 된단다

그는 저녁으로 독일마을 삼동 선술집에서
소주 한잔에 멸치 초무침을 먹고
불그레 만족한 얼굴이다

이렇게 우린 오늘도 삐걱거리며
굴러가나 보다

서랍장

책보자기에 묶여 있던
마음의 조각들

가을 무서리에 수수 모개 따먹고
학굣길 동무하던 가방 속 서랍장

황신혜도 들어있고
숫자 3을 좋아했던 머스마도

너에게는 봄이 쌓였지만
나에게는 가을이 쌓이고

세월이 더해진 너

봄에 밀려들어온 새싹처럼
웃고 있다

예쁘다고

꽉 찬 니 모습이 심장 한쪽에 파고든다

늦가을 아침

안개 낀 우리집 늦가을 아침은
회색과 갈색을 섞어놓은 것 같다
바다가 내다보이는 서쪽 마을 철길
가로수도 자기를 허물며
긴 겨울로 가고
뚝방 건너 몇몇 가로수는
싱거운 얼굴로 따라지목숨이라며
지네들끼리 쑥덕거린다
단풍을 실은 화물열차가
방금 도착했다

겨울 목련 핀 서쪽으로 다시 떠난다

하얀 거짓말

엄마랑 마굿정개 불 때다
덕석에 불이 붙었다
엄마 왈
"엄마가 한 게 아니고 니가 했다, 알았제
안 그러면 할머니한테 엄마 혼난단 말이야"

그리고 건네준
옆집 봉강댁의 미농색 비행기 과자

키 크단 말을 접수하다

동네 미용실
염색하고 있는데
구순 노모와 썬글라스 낀 딸이 들어온다
"아줌마 겁나 크요잉
나도 큰디
나는 에렛을 때 겁나 키가 커서 죄인같이
웅크리고 살았어라
으째 그리 어른들이 뭐라고 했는지
지집이 커서 쓸데가 없다고
아~고 징한 시상 살았소
집이는 나보다 겁나 더 크요잉
지금은 큰 것이 좋제라
시상을 잘못 나와 갔꼬
지금 시상에 태어났드라면 얼마나 좋았겠소"
그랑께요 할머니
다 굽은 손가락 마디 쳐다보며
"난 지금도 이 손으로 일을 허고 있소

그란디 으짤 것이오

움직일 수 있은께 해야제

억울하기도 하고

이러다 죽겄지라우

사람 사는게 이래랴"

그랑께요 할머니

내 물려받은 유전자에 감사하다

이월 이십팔일

양지꽃이 봐 달라고 한다

한 뼘 건너 냉이꽃도 눈 맞추자 한다

대지 가득 밀려오는 이 연대

출렁이는 햇살에 얹혀

설렘의 몸짓 들썩들썩

친정집 청보리밭 파도만큼,

출렁

하얀 나의 비밀이 수북하다

그대여

나는 등대를 가졌다

"웃으면 행복해져요"
딩동
곰돌이 이모티콘을 툭 내던져
당신의 웃음을 얻습니다

한때는 하늘 솟은 굽은 길도
날다람쥐 넘나들 듯 오르내렸던

하, 육십에 오른 육신
당신이 고맙게 들어옵니다
내 둥근 마음으로 애썼소,라고 전합니다

이제 등짝에 맨 짐 내려놓읍시다
소나무 닮은 당신 그늘에서
천둥소리보다 큰 미안한 마음

아이 같은 내가 보여 쓴웃음 핍니다

마당을 가지고 싶다

방 바닥에 등 대고 요가를 하고 있으면
안 썼던 근육들이
두리봉 가리나무 긁으러 가자 한다

광고가 나붙은 엘리베이터를 타면
또
마당이 키워놓은 꽃을 보러 가자 한다

소나비 오는 날
문 꼭 닫아놓은 아파트에 서면
다시금
숲이 키워놓은 나무들을 보러 가자 한다

그러다
그러다가
하모니카 소리가 만든 집
문 열고 있으면

한 해가 두 해가 떠나고
나는 호미 들고 밭으로 가고 싶어진다

마당이 사는 땅

진달래꽃 소풍

삼각산 뒷산에 진달래가
듬성듬성 피었다

내 유년의 가지산*이
눈이 부시게 내게로 들어온다

국민학교 5학년
두 줄로 맞춰 피재**를 넘어가야 하는 힘든 행군
가다가 털썩 주저앉으면
선생님은 또 노래를 합창시킨다
"산에 산에 산에는 산에 사는 메아리"
"더 크게 더"

다리는 아프고
땅은 흙먼지 푸석이고
돌은 발길에 구르고

산 중턱쯤 올라갔을까
가지산 중턱을 다 덮고 있는 진달래꽃 무더기

"애들아
진달래꽃 따자
술 담그게"

그렇게 그렇게
소풍은 가지산의 진달래꽃 속에서
다 자란 파도처럼 일렁인다

중년의 내 눈 속에 5학년의 꽃 따는 소녀들이 스며든다

    * 가지산: 전남 장흥군 유치면에 위치한 산
    ** 피재: 고개 이름

싸개 단추

홈쇼핑 채널에
원피스 단추가 훅 들어온다
잽싸게 주문했다

덕혜옹주가 입던 원피스가 오버랩 된다

국민학교 4학년
오랜만에 사 입은 싸개 단추 원피스
"너무 이쁘다 니게 참 잘 어울려" 하신 이쁜 선생님
그 칭찬은 항상 날 속으로 웃게 만들었다

딸이 비추미그림대회* 에서 동상을 받을 때도
싸개 단추 원피스를 입혀
시상식에 내보냈다

감추어진 고급스러움이 있다고
혼자만의 독백으로 좋아했는데

단추가 말을 건다

답답했다고

* 비추미그림대회: 중앙일보사에서 주최한 그림대회

기억의 건널목

벼의 고개가 할미꽃이다
들판은 출렁, 출렁
엄마는 "올해도 나락이 참 좋네" 하신다

석정리,라고 쓰인 돌비석을 뒤로하고
내 멋진 쏘나타로 광주행 출발이다

엄마~ 노래해 봐

"♪참을 수가 없도록 ~ 이 가슴이 아파도"

왜 안 해 엄마 18번이잖아요

"아야 인자 못하겄어야
옛날에는 그래도 동네서 한 소리 한다고 했는디
영 기억이 안 난다

아 찔레꽃 해보자
찔레꽃 붉게 피~는 남쪽나라 내 고~향"

아고 엄마 지금도 한 소리 하신디요
인제 찔레꽃 했으니까 다른 노래 생각해 봐요

"아 찔레꽃 안 했지 찔~레꽃 붉게 피~는 남쪽나라 내 고향"

능주에서도 화순에서도 찔레꽃은 돌고 돌다가
집 앞에 와서야 멈췄다

엄마의 표정은 한없이 행복하시다

… 3부

신입 회원

노을이 가득한 우편함에 삐죽하게 나온 책 한 권

뛰어난 갈증에도 설익은 나의 시가 실릴까

무겁게 가볍게 두려워진다

이제는 몸에서 튀쳐 나간 상상력을 끌어당겨야 하는,

책임이 오랫동안 머물다 나간다

신입 회원

동해의 붉은 해가 가슴에 가만가만 내린다

숙제

늙은 느티나무 정자 아래
땟국 줄줄 흐른 앉은뱅이 오토바이들

덕석 펴고
수희엄마 서봉댁 진산댁 예닐곱 명이
화투놀이를 하고 있다

나를 본 서봉댁 뭔 일인가?
스스럼없이 던진 말

……

나는 그때
내 엄마가 무조건 맞다고 우겼던
그래서 미안했던 하얀 그 말

한걸음에 달려 와야 했는데
마음속 숙제로 갇혀 있던 나

뒤늦게 뒤늦게, 나는
인절미 쑥떡 푸짐하게 내어놓고
미안했어요, 손잡으니
서봉댁 눈물이 뚝 뚝

참, 늦었다

아버지

발바닥에 몇 겹의 또아리를 이끄시고
돌뿐인 논바닥에 호미모를 심는다

옆집 은초 엄마는
"왔다메 징한 거, 이것이 뭣이여
이래 갔꼬 나락이나 나오겄어"
하시며 안타깝게 눈을 흘기신다

그런데 당신은
"아야! 니 딸하고 이 나무 그늘에서
새참 먹을 때가 있을 것이다" 하며
돌밭뿐인 깽변에 기어이 함께 나무를 심으셨다

오늘은
그늘 그 큰나무 밑에서
당신의 18번인 타향살이를 읊조립니다.

구름그늘

무주 구천동 설천 그늘집
앞산 구름을 앉혀놓고 누군가가 건배를 청한다

바다 몇 개로 엮인 뭉게구름
파도를 만들고
종일 내 육신에도 반도의 그늘이 내린다

막걸리 잔에 걸친
구름 속 두부김치 아짐의 목소리
"아따 구름이 그늘을
바다로 가졌네
소낭구들이 시원하겠다" 한다

푸른 종달새는
긴 구름그늘 한가운데 소리로 얹혀있다

은영 엄마

한 목소리 보고 싶어
뚝뚝 묻어오는
전화 목소리
옻닭 먹으러 가자 한다

얼굴색이 은행잎이다
몹쓸 병이 길었다

서투른 웃음마저 밑둥째 잊어버린 시간들

완치,
의사의 말에
밥물보다 뜨건 기쁨이었는데

그리고 또 다른 몸속
조직검사 결과
그 시간이 피가 마르더라 한다

사소한 웃음까지 부어주는 그이의 사랑
쪼그라진 가슴까지 짠해진다

아프지 말자고
깨꽃 같은 노년을 함께 누리자고
새롭게 건배로 합장한다

에너지

봄이 살풋살풋 오는 줄 알았더니
버럭, 꽃들이 나를 덮친다
환한 분홍빛 기운이 밀려온다

영화가 살고 있는 포항
버섯지붕이 있는 바닷가 숙소

영식 기식 화식 은식
새마을호 철길 따라 철없이 떠다니던
4식이들

마음속 보따리 흠씬 꺼내어도 흥허물 없는 우리

촘촘한 설계도면처럼 공유된 추억은
띄엄띄엄 저장되고
생명의 고향은 온몸에 감겨
철없는 웃음으로 물들어 간다

핏줄

로컬푸드에서 장을 본다
미나리 쑥 달래

그리고 밑둥이 불그레한 불미나리를 찾는다

매대 한가운데 달래 두 다발
쑥 세 봉지
매대 끝 쪽 불미나리 다섯 묶음
죄다 담는데
몸속에 묶인 그림자가 출렁, 한다

얘네들을 모두 데치고 즙을 내고,
야윈 그림자 몸 주머니에 꾹꾹 넣어주면

분명 알부민으로 긴 생이
일어나겠다

가을 한켠에

코스모스가 엉거주춤
내 허리에 들러붙는다
계곡이 흘린 바람이 좋다고

땅바닥을 껴안은 앉은뱅이 소국도
낙엽 향내에
벌그죽죽한 얼굴로 취해 있다

무등산 끝 중간쯤에
매달린 억새도
너 땜에 살아있음을 느낀다,며
황홀하게 울고

가을을 키우던 영산강은
서늘한 햇살에 데어
발목이 퉁퉁 부었다고 한다

노을은 더넘바람 너로 인해

긴 바다를 넘어간다

담장 밑에 국화도 주먹만 하게 피었다

시인학교

진도 죽림초 플라타너스 큰나무 그늘 아래서
나는 독자끼*를 시작한다
큰 손으로 공깃돌을 높이 올려
따라올라간 눈目 속으로
진도시화박물관이란 팻말이 들어온다
손바닥으로 흙바닥을 쓸어
오지도록 공깃돌을 쓸어 담는다

고개 숙여 시집을 보고 있는 예쁜 소녀상
뛰어놀던 긴 복도
뽀드득 닦아냈던 유리 창문들
내 유년의 국민학교 같다

정일근 시인의
"남이 쓰지 않는 말로 시가 훤히 보이게 써보세요"라는
언어의 문장을 가슴에 새긴다

2박 3일의 촘촘하고 정스런 교정에
나는 온몸을 납작하게 눕혔다

* 독자끼: 작은돌로 하는 공기놀이

선운사

은행잎 밭을 보러 떠났다
이맘때 꼭 나를 불러내는 너
일상이 가로막아도 냉큼 달려간다
애기 단풍잎이 등짝에 업히고
염색한 무명천이
나무들 사이를 휘감고 흐르는 선운사

도솔천이 내준 길 따라 주머니에 손 넣고 걷는다
물속에 숨어든 단풍잎들
80은 먹었겠다
저 뽐내는 기찬 아름다움
백발의 할머니도 빤히 들여다보고 있다
나도 아름다울 수 있다고

대웅전을 거쳐 도솔암 입구
연신 셔터를 누른다
화려한 붉은색은 눈이 부시다

기왓장 한 장 집어 들어
상투적일 수밖에 없는 말을
간절히 적는다

단풍길을 내려와
참게장 백반 쌀밥 공기 2개를 비우고
또 오라는 선운사에 안녕을 고한다

밤을 먹으며

솥에서 내온 밤을 통째로 까먹다

돌무더기처럼 쌓인 껍질이 잔망스럽다

모란꽃이 그려진 숟가락으로 가만가만

벌써 반을 툭 가르고 있다

순간 나를 발견한다

선물

니들이 건네준 보라색 붓꽃이 든 다발꽃
10월의 햇빛에 더 빛나는구나
어느새 어른으로
내게 이렇게 이렇게 하세요,라고
뒤바꿔진 소리가 오면
따뜻한 웃음이 생긴다
엄마라는 명함이 잔소리였던 일상들
감사합니다,로 바꿔치기 된,
"엄마 이젠 주변 말고 본인만을 위해서 살아가 봐요"
딸 아들의 명언에 끄덕여지는 내 속마음
감사가 따라붙는다.

이국 풍경

베니스에서 피렌체로 안개 낀 도로를 달린다

호수 위에 걸린 안개는 나의 속가슴을 살짝 끄집어낸다

차창으로 흘러내린 안개비

피렌체의 아르노강을 건너는데

결혼 앞둔 인솔자는 심수봉의 '그때 그 사람'을 들려준다

차창 밖 싼마르코광장의 오래된 찻집 커피향이

길게 몸속으로 퍼진다

안타까운 하루

전대 정문 입구 가로수길
밤을 꼬옥 잡고 걷는데

여보세요
"은식아
영화가 재발했단다"
그냥 쿵, 한다

늘 사회적 이슈를
몰고 다니던 가시내였는데

마음으로 잡아둔 약속
밀리고 또 밀려서 기다리고 사는데

저벅저벅 걷어올린 청바지가
스르륵 풀어진다

오늘의 일상은 아프다

그리우면 달이 뜨드라

하늘로 쳐든 두 손

손가락 끝이 그리는 곡선

만져지지만 보이지 않는

둥근 얼굴

4부

목련

빼꼼히 보인 얼굴에
하얀 두건을 쓴,
참한 너는
나를 한없이 소유한다
그리고 오랫동안 훑어본다

그립다

오늘처럼 볕이 쨍쨍 내리쬐는 날이었지요
나락이 익어가는 이맘때쯤
난 학교에 남아서 고전을 읽고
집으로 가 또 새를 보러 가야 했다

할머니는 페인트 통 하나 들고
나는 짝대기 큰 거랑
논둑에서 읽을 책 하나랑
할머니와 손잡고 나란히 논길을 걸었지요

햇빛은 마구 쏟아져
검정 우산을 쳐놓고 그늘 삼고
작대기로 페인트 통을 텅 텅 때려
새를 쫓다 지치면
할머니는 "아가, 그 선녀와 나무꾼 얘기 좀 읽어봐라"
두 번 세 번 읽어도 참말로 재밌다 하셨다

속옷 하나 걸치지 않는 맨몸의 그 하늘

새를 쫓다 지쳐 논둑에 풀석 주저앉자
할머닌 못생긴 감자를 껍질 다 까서 입에 넣어주셨던

지금은 제비꽃 같은 웃음으로 몰려온다

마스크

귀에 걸린 니가 딱 붙어
이제는
친구가 되었구나

지긋지긋한 비염을 떼어내 주고
너의 세밀한 관찰로 후두염을 발견하여
단박에 뿌리를 내리쳐주고

그 후로 조용하다

너를 알아채지 못한 미안함이
파도처럼 번져온다

그러나 우리는 꼭 며칠 내에 이별을 약속하자
친구야 알았제

유월

초록이 무등산에 흘러들어

목도리를 휘감고 흐른다

비의秘儀를 품은 무등산

한없이 풍성하다

내 청춘은 육십에 퍼덕이고 있다

다 닳은 내 유월의 심장

스물의 혼돈을 상쇄할 만큼 크다

나는 무등의 비의秘儀

일기예보

찌뿌듯한 몸이 찌뿌듯한 날씨를 부른다
손등과 팔목이 찐득거려
면장갑을 낀다

몸이 싫어하는 에어컨 바람
무릎과 다리를 스치고
얼얼하다

지구의 온도는 자꾸 붉어져
에어컨 눈금도 늘어나고

환경과 세월이 내 묵은 몸을 소유해 간다

전심의 기도

문흥지구에서 상무지구로
오늘도 난 의미 없이 동행한다.
그는 그닥 믿음이 있는 것 같지 않다
불경을 읽는 것도
법회에 참석하는 것도 볼 수 없다
그저 그냥 가고 싶고
편리한 시간이면 늘상 가는 길
난 모른다
그가 시주를 얼마를 하고 무슨 기도를 하는지
막연하게 부처상 앞에서
계속 절하고 기도하는 모습이
무각사 마당에서 보일 뿐이다
부처님은 아실까
간절한, 이기적인 그의 마음
오늘도 내일도
무각사로 향하는 그의 발걸음은
오로지 되게 해 주소서이다

미리 보다

입을 헤벌쭉하게 벌리고
코를 골고 주무시는 할머니 편안해 보인다

침대에 잠시도 누워있지 못하는 할머니
이곳저곳을 간섭하며
부산 나게 혼잣말을 한다

보호사 선생님
"제발 집 좀 지키시오
여기 봐봐 복진 어르신은 얼마나 얌전하요
제발 누워서 집 좀 지키란 말이요"

엄마 뭐해 일어나 움직여야지
그래야 밥맛도 나지

커다란 건물들이 하나 둘
요양원 간판이 숲처럼 번져간다

친절한 감옥소 같다

나의 80을 미리 안아본다

만옹정*

정자 위로 몇 발자국 오르니
초록색바람이 누우라고 한다

끌어내려다 본 서까래는
접혀진 나비장식 웃음처럼
환하다

고서면 광명마을에 사는
만옹 할아버지

오늘은 당신의 손손녀들이
귀한 글씨의 속살을 고사리 손끝으로
베껴봅니다

만옹정의 풍경이 수줍어합니다

* 전라남도 담양군 고서면에 위치한 정자

노을아, 너는

바다에게 각 색의 수채화를 선물해 주는

저녁노을, 너는

왜 단번에 바다를 넘지 않는 거니

너란 놈이 한꺼번에 넘는다면

우리의 일상은 동시에 휴식에 들겠지

달리는 모든 자동차에도 허공이 어두워져요,라고

수신호도 하겠지

나는 니게 빠져들어 쳐다만 보다

까맣게 변한 나를 마주하고 만다

감기

내려앉는다

힘들이 주르르 등짝으로 빠져나간다

내 몸이 깊어진다

10월의 코스모스에 슬몃 몸을 얹는다

마음

날씨가 흐리면 겨울엔 눈이 오려나 보다

가을이 흐리면
회색 버버리가 갈색 커피집으로 입성한다

여름이 흐리면
아 소나기나 쏟아부어라,라며
하늘에게 소리친다

오늘은 봄날
새싹도 꽃도 푸르게 펄렁인다

감성

나와는 결이 다른 음악
클래식
송이눈 감성을 훔치는 라디오 소리가
나를 꼼짝 못하게 붙잡는다
하나 둘 귀가 열리는 것 같은,
그림이 좋아 보이고
파블로 네루다의 시가 좋아지고
가난한 고흐의 애잔한 삶이
시골의 작은 마을처럼 훅 들친다
마음이 꽃이 된다

전어

마구실넘이 가리나무로
부삭에 불을 때고 나면
석쇠에 전어를 끼워 넣는다
그 알알한 불 위에서
바삭 파삭 까맣게
뼈까지 촘촘하게 익는다
그 고소함에 새까만 입술도 저만치

말바우시장 좌판 가게
그냥 떠나지 못하고
살이 차고 키가 큰 놈 10마리를 또 샀다

기대하고 앉은 밥상
어! 고소함이 천둥까지 내리치네

동그라미

해바라기보다 고운 얼굴

너의 속에 대낮과 한밤중이 들어있다

물안개 속에 떠오르는 작은 얼굴

가만히 고개를 내민다

나는 밀림보다 따뜻한 하루치를

아깝게 살았다

둥근 심장 속의 그 말씀

12월이다

아버지는 일기를 쓰시고 가계부를 쓰셨다
정리되지 않은 일들은 나처럼 한쪽에 분류해 놓고
해결되면 줄을 스윽 그었을까

치부책 한복판에 밑줄이 참 많았으리라

맹이엄마 일수 10일까지
칡순이댁 일수 20일까지
멋쟁이 신사 백기선 아저씨
내 머릿속에만 버얼써 금방 열이 된다

오늘은 옷방 정리를 한다

아버지의 삶이 짠하게 내게로 온다
"항상 누가 나를 쫓아오는 것 같아야" 하신 그 말씀
아직도 내 둥근 심장 속에 살아있다

평설 ___

채움과 비움으로 창조한 서정적 이야기들

김 종 시인, 화가

　시 쓰기는 사물과의 교감을 전제로 한 언어적 서정성이 그 출발점이다. 시인의 언어가 위치하는 곳은 늘 새로움과 특이함을 찾아내는 곳이다. 신은주 시인은 자신의 시 창작 출발점을 자신만의 생활주변을 언어화시키는 자연스러움이 있다. 50이 넘어서야 자신의 모습을 반추하면서 문학의 길을 요량하게 되었다는 것이 그가 들려준 시창작에의 고백이다. 작품을 독서하면서 그가 지닌 시적 에너지는 인간애를 향한 교감과 동화, 갈증, 애환, 정한 등의 언어를 고루 읽을 수 있었음이 그의 작품에서 얻은 독후감이기도 하다.
　문학하는 세상은 여느 세상과는 다른 두 가지의 사실만을 손꼽을 수 있다. 그것은 바로 그가 어디로 나왔느냐, 언제 나왔느냐를 가리는 대신 지금까지 어떤 작품을 써왔고 지금 쓰고 있는 작품이 어떤 작품이냐로 수렴된다. 이 말은 신은주 시인에게도 고스란히 적용되는 문제이다. 자신에게 찾아온 문학에의 길은 비록 늦었지만 세월의 파고를 넘어온 자신의 지난 시간을 반추하면서 시간 따라 변해가는 자신의 모습을 갈피갈피 담아내고 싶었다는 말은 그 자체로 문학세상을 경작한다는 말과 등가를 이룬다. 살아오면서 자신이 겪었거나 체험으로 체득한 경이로운 삶의 기록이나 자연현상들은 그것을 채록하는 것만으로도 문학의 영토가 새로워질 수 있다.

신은주 시인은 치매로 고생하시는 친정어머니를 요양원에 모시고서 불현듯 지난날의 아버지를 떠올린다. 보성웅치가 고향인 아버지는 가산을 탕진한 큰아버지를 대신하여 할머니를 모시고 생활의 기반을 찾아 장흥으로 이사를 했다. 그런데 막상 결심 뒤에 단행한 이사였지만 전답뙈기 하나 없는 타향은 막막하기 이를 데 없었던 것이다. 아버지는 살아갈 방도의 마련으로 궁리 끝에 불도저와 장비 등을 동원하여 하천 땅을 개간하는 일에 뛰어들었다. 초등학교 시절의 신은주 시인 또한 학교를 파하기가 무섭게 개간한 논바닥에 들어가 돌자갈을 줍는 것을 일과로 삼았었다. 작품에서 읽은 〈깽변〉은 그 시절 아버지의 개간 이야기를 담은 실체험의 작품이다. 그러니까 〈깽변〉에 담긴 땅 이야기는 공들여 일군 논이라서 어른이 된 지금의 이 시간까지 자신의 몸속에 혈연적 아릿함으로 흐르고 있는 것이다.

신은주 시인은 걸출한 시인작가들을 다수 배출하여 '문학특구'가 된 전남 장흥에서 유년을 보냈다. 가난하지만 멋진 할머님이나 부모님 덕분에 시인의 유년은 따뜻한 양지의 세월이었다. 바로 그게 작품마다에 여러 추억들이 한가득 봄날의 햇살처럼 펼쳐지는 이유이기도 하다. 그의 문학적 DNA는 분명 '장흥'이라는 지역적 연고성에 힘입은 바 크고 작품마다에 신은주 시인만의 특별함 또한 숨 쉬고 있다. 장흥은 이 나라 현대문학사에서 남다른 문학적 자산을 소유한 고을이다. 특히 조선조 가사문학의 대가 송강 정철보다 무려 25년이나 앞선다는 기봉 백광훈 선생이 장흥태생임은 주목할 필요가 있다. 그리고 소설문학의 정수 이청준 작가를 비롯한 송기숙, 한승원 등 걸출한 시인 작가들을 부지기수로 배출한 고을이라는 점에서 장흥의 문학적 특별함은 사철 푸른 상록수에 비견할만하다고 하겠다. 그런 점에서도 신은주 시인이 시 창작에 뛰어들어 구체적 성과에 나아간 것은 그가 나고 자란 지역적 연고와 무관치 않다고 여기는 것과 등가이다.

  신은주 시인이 시를 쓰게 된 동기는 시 낭송 모임과 걸쳐져 있다. 그는 우연히 같은 아파트에 살고 있던 지인의 안내로 오늘의 시간을 만들었다고 한다. 그 후 모임에 입회를 하고 얼마간의 세월이 지나 김인석 교수의 지도를 받으면서 오늘의 성과를 작량할 수 있었다. 그리 보면 신은주 시인에게 문학은 다소 늦고 빠른 점은 있다 하더라도 일종의 운명 같은 게 점지된 매뉴얼

대로의 여행이었다는 생각이다.

> 파도처럼 불안하다
> 초조하다
> 누군가 쫓아오는 것 같다
> 막다른 골목에 서있다
>
> "모든 경계에는 꽃이 핀다"
>
> 아! 불안함이 꽃이 될 수 있다니
> 넘을 수 있을 때
> 건너가기 하고 싶다
>
> 갇혀 있기 놀이를 하느라
> 너머의 것을
> 보지 못했다
>
> 넘는다면
> 나는
> 그 경계에 하얀 수평선을 새겨 넣고 싶다
> ㅡ 「경계」

 "모든 경계에는 꽃이 핀다"는 게 위의 작품이 내민 화두이다. 짐짓 '파도처럼 불안하'고 '초조하'고 그러면서 '누군가 쫓아오는 것 같'다는 것이 그 이유인 셈이기도 하고. 화자는 '막다른 골목에 서 있'었다는 상황을 제시하면서 무언가를 설명하는 효과를 보여준다. 그러나 그 다음의 대목에서 하나의 반전을 준비한다. 그게 바로 화자가 감탄하는 '불안함이 꽃이 필 수 있다니'라는 상황인식이 그것인데 이와 함께 '넘을 수 있을 때/건너가기 하고 싶다'는 화자 자신만의 소망감이 읽히는 것은 우연은 아닐 것이다.

이 같은 사실은 사실상 말하지 않아도 그만큼 상황이 유연하다는 의미이기도 한데 이를 굳이 한자리의 표현으로 채우고 있다. 사전적 풀이에서 '경계'는 '어떤 기준으로 나누어진 한계'를 이르는 말이다. 그리고 그 같은 한계를 기준 삼아 안주하거나 뛰어넘을 수 있는 두 가지 상황에 이르러서야 '경계'의 시적 의미가 보다 분명해진다고 필자는 보았다. 작품 속의 화자는 경계에서 설정한 '안주'를 '갇혀있기 놀이를 하느라' '너머의 것'을 보지 못했다는 것으로 제시하고 있다. 그러니까 화자는 안주하거나 뛰어넘을 수 있다는 두 가지 상황을 '경계'의 시적 의미로 끌어낸 것이니 '너머의 것'을 '넘는다면'서 경계 너머를 풀어헤치는 '경계'의 일차적 모습은 드러낸 그 다음의 경계에 대한 "내 하얀 수평선을 새겨 넣고 싶다"는 후차적 의미로 읽을 수 있었음이다.

* '하얀 수평선'을 실루엣처럼 읽어가다

앞에서 우리는 시인이 있는 듯 없는 듯 새겨 넣은 시적 의도가 "모든 경계에는 꽃이 핀다"는 선언적 문장에 함축적으로 수렴되고 있다고 하겠다. 작품의 모두에서

밝힌 파도는 불안하고 초조하고 누군가가 쫓아오는 것 같다고 했다. 이는 막다른 골목에 서 있는 듯한 화자의 상황 인식 또한 보여주는 말이며 이에서 추출된 안주와 초월에의 시적 반응은 결국 꽃이 피는 현상적 세계에 모아진 초점을 환상처럼 새겨 넣고 '하얀 수평선'을 실루엣처럼 읽어가게 한다.

    시끄러운데 기분이 좋다

    피구하는 아이들 소리가 밝고 발랄하다

    햇볕이 빠진 배구공으로 녀석들을 맞힐 때마다

    내지르는 소리가 13층 내 집까지 짱짱하게 울려 퍼진다

    둥그런 연못에 갈매기가 떠와서 아이들과 뒤섞이니

    땅의 아이들도 같이 놀고 싶다고

    나 좀 꺼내 줘 한다

    내 유년의

    꼬마들을 소환한 오후의 놀이터에

    나도 합류한다

                          _ 「동일시」

바람이 빠진 배구공을 '햇볕이 빠진 배구공'이라 한 표현은 새겨볼수록 재미있다. 또 하나, '둥그런 연못에 갈매기가 떠와서'라는 표현이 있는데 이 또한 현장인식의 범위를 넘어선 재미가 있다. 작품의 제목이 〈동일시〉여서 이의 사전적 의미부터 음미할 차례다. 이를 부연하자면 "둘 이상의 것을 똑같은 것으로 본다"는 의미가 그것인데 작품에서 요구하는 '동일시'가 무엇인지를 살필 수 있는 대목이기도 하다.
　'오후의 놀이터'는 '내 유년의/꼬마들을 소환'하고 있고 이 자리에는 불명하지만 정작 누군가를 소환하는가로 이어진다. 그리고는 그 자리에 '합류'하는 자가 있었는데 그게 바로 '나'였다. 이 작품의 출발점은 바로 나였고 "시끄러운데 기분이 좋다"는 표현은 '밝고 발랄한'으로 바꾸어 읽을 필요가 있다. 그러면서 이어지기를 피구 놀이로 상대를 맞히는 중에 왁자지껄 내지르는 주변의 소리가 참으로 요란하다고 했다. 그리고 꼬마들을 소환한 오후의 놀이터는 '나 자신'이 합류하고 있었음이며 시끄러운 데도 기분이 좋았다는 화자가 피구하는 아이들과 밝고 발랄하게 어울리는 대목이 이 작품의 분위기를 한결 돋보이게 한다.
　햇볕이 빠진 배구공으로 녀석들을 맞힐 때마다 그들이 내지르는 소리가 13층 아파트까지 쨍쨍하게 울려 퍼졌다는 것은 주변이 얼마나 청량한가를 보이는 대목이라 하겠다. 그런 다음에 연못의 갈매기가 아이들 소리와 뒤섞이니 땅에서 놀던 아이들은 그 자리에서 꺼내달라고 아우성을 쳤을 것이다. 화자는 이처럼 자신의 유년을 반사하면서 놀이터의 아이들로 어린 날의 자신을 소환하고 자신도 모르게 이에 합류하고 있다. 그렇다면 작품에서 말하는 '동일시'가 의미하는 것은 무엇일까. 이는 놀이터에서 피구놀이를 하는 아이들을 통해 자신의 유년을 불러들였다는 것이고 어느새 어울리는 그들 자신이 동일하다는 사실을 발견하고는 이를 반추하는 화자의 모습이 인상적으로 드러난다.

정신분석학에서 말하는 '동일시'는 개인이나 집단의 특징을 자신의 일과 똑같게 간주하는 일종의 정신작용을 이르는 것으로 정의한다. 필자는 바다와는 먼 곳에서 성장한 관계로 연못에서 노니는 갈매기를 상상 중에도 떠올린 적이 없다. 그런 때문에 "둥그런 연못에 갈매기가 떠와서 아이들과 뒤섞"였다는 표현은 여러 언어적 개연성에도 불구하고 반복하여 독서할 수밖에 있었다.

삼각산 길목을 오르다
단풍길 초입에 철쭉이 한 송이 피어있다
오래도록 들추어 본다
마음 그리고 몸이
생채기가 난 걸 몰랐다
늦되었지만 여물게 애써진다
스스로 고립된 자아
경직되어 있다는 것이 무엇인지
삼각산 길목에 핀 철쭉처럼

나의 영사기에도 늦된 빛이 인다
_「늦되는 것」

　작품 〈늦되는 것〉을 말하기 전에 '늦되다'는 말의 어감이 새삼 감겨든다. 모든 생명체에는 그 성장과정에 늦고 빠른 것이 반드시 존재하기 마련이고 성장과정에서 필자도 '늦된 것'이 여럿 있었다. 신은주 시인은 바로 이 늦됨을 어떻게 노래하고 있는 걸까. 추상적 의미가 다분하기에 시인의 눈에 비친 '늦되다'는 말의 언어적 의미부터 들여다보기로 하자.

　　* 삼각산 단풍길에서 철쭉을 발견하다.

　어의 상 '늦되'는 일에는 세 가지 의미를 상정할 수 있다. 하나는 곡식이나 열매 따위가 제철보다 늦게 숙성하는 현상을 이르는 말이고 다른 하나는 나이에 비해 발육이 늦거나 철이 늦게 드는 일을 이르는 말이다. 세 번째로 늦되는 일은 어떤 일을 하는 데 평균보다 많이 소요된다는 의미로 통한다는 것. 이 말과 이웃하여 '그루되다'나 '지르되다' 등이 비슷한 말로 동반 사용되고 있다. 화자는 삼각산 길목을 오르던 단풍길 초입에서 한 송이 철쭉을 발견한다. 작품 속의 '늦되다'는 말의 시적 전개는 여기에서 출발한다.
　이에 눈을 맞춘 화자는 철쭉을 "오래도록 들추어" 본 자신에게 자신도 몰랐던 몸과 마음의 생채기 땜에 비록 늦되지만 "같이 호흡할 수 없어" 스스로 자아를 고립상태에서 여물게 하려고 무진 애를 썼음을 고백한다. 그런데 그 같은 것마저 별무소용이라며 '나의 영사기'에서 삼각산 길목에 피어난 철쭉처럼 시인 자신에게도 '늦된 빛이' 일어나는 것을 볼 수 있다고 했다. 〈늦되는 것〉에서 우리가 읽을 수 있는 것은 단풍길 초입에 피어있는 철쭉이었다. 그리고 거기에서 만난 이 같은 현상은 계절을 망각한 일이었음을 확인할 수 있다. 이를 두고 화자는 철쭉의 늦됨을 말하려는 듯 보이지만 차원을 달리하여 상채기 또한 오래도록 들추지 못한 자신과의 몸과 마음에서 생성된 시적 사유思惟와 합류하고자 한다. 그러나 함께 호흡할 수 없어서 스스로 고립되었다고 치부한 자신에게 "삼각산 길목에 핀 철쭉처럼" 자신의 영사기 또한 늦된 빛이 일었다는 대목을 보여주기에 이른다.

 이는 시인이 의도한 늦됨의 의미도 어김없는 개화의 늦고 빠름에 다름이 아니라는 의미이며 늦은 나이에 시작한 자신의 시 창작을 그에 비유한 것으로 유추할 수 있다. 그리 보면 위의 작품이 말하는 늦됨의 의미는 위에서 말한 세 가지 의미 중 어느 갈래를 선택적으로 의미하는 것이 아니라 그 모두를 포함하는 일이며 굳이 짚어서 얘기하자면 두 번째의 의미가 보다 개연성이 큰 것이 아닌가 싶다. 늦되어서야 들어선 시 창작에서 신은주 시인의 시적 괄목상대를 기대하는 것은 작금까지 보여준 그의 시적 행보가 충분히 그 같은 여지를 보이고 있기 때문이다.

돌이 많은 석정리와
큰 저수지가 초입에 있는 지산리 사이
큰 냇가가 큰 보를 껴안고
뚝길 사이로 물이 흐른다

나는 그 물줄기 한쪽에서 호미모를 거들고
논뚝길 평평한 곳에
퍼질러 앉아 새참을 먹던
내 어릴 적 깽변

아버지가 탱크 같은 것을 몰고 와
냇가 옆 아카시아 돌밭이 파헤쳐지고

그리고 밭에서 꺼낸 돌들은 탑이 되고
나머지는 깽변 논이 되었던 그 기억

아버지의 청춘이 죄다 들어 있는 그 땅
나의 유년은 그렇게
땅에 대한 애착으로 내 단전에
멍울멍울 달라붙어 있다

아직도 냇물은
아버지의 핏줄처럼 울퉁불퉁 흐르고 있다
_「깽변」

 "아버지의 핏줄처럼 울퉁불퉁 흐르고 있"는 '냇물'은 "돌이 많은 석정리와/큰 저수지가 초입에 있는 지산리 사이/큰 냇가가 큰 보를 껴안고/뚝길 사이로 흐"르는 하천이라는 것을 알게 한다. 초등학교 시절에

신은주 어린이는 학교가 파하기가 무섭게 논 귀퉁이나 물꼬 주변에 모내기가 빠졌거나 덜된 곳에 호미를 들고 모를 때우는 '호미모'의 일을 했었던 모양이다.

그러다가 일꾼들에게 내온 새참을 논둑길 평평한 곳에 앉아 먹었던 일이 깽변과 한자리의 회상으로 되살아나고 있다. 그 시절 '새참'이란 들에서 "일을 하다가 쉬면서 먹는 음식"을 의미했었고 이는 '들밥'으로 통용되기도 했다. 필자도 기억하지만 그 시절의 '새참'이라는 들밥은 별나게도 맛있는 식사였다. '밥'이 귀한 시대이기에 더욱 그랬겠지만 들밥을 먹을 때 보면 보이지 않는 곳을 지나는 사람까지도 손쳐 부르고 밥을 먹여 보내던 풍습이 우리네 조상들의 새참 인심이기도 했다.

그 시절 부족한 전답을 확충하기 위해 깽변을 개간하자면 논바닥에 부지기수로 드러난 것이 돌자갈이었다. 아예 100퍼센트 돌밭이란 말이 실감될 만큼 논바닥은 온통 돌자갈 천지였었다. 그 논에 발 벗고 들어가서 돌자갈을 들어내는 일이 옥토를 만드는 일의 첫 번째 과정임은 물론이다. 그때마다 아버지가 "탱크 같은 것을 몰고" 왔다고 하였는데 이는 개간공사의 일급공신인 불도저를 그리 말한 것으로 보인다.

화자에게 그날의 기억은 불도저 삽날이 밀어붙이는 대로 땅덩이는 골라졌겠지만 개간현장에서 드러난 돌덩이는 여기저기 돌무더기를 이루어 금방이라도 돌탑이 되었을 것이다. 고향이라고 찾아왔지만 전답 한 자락

붙이지 못한 '아버지'에게 깽변을 일구는 일은 결기 서린 필생의 사업이었다. 그리고 그렇게 보낸 세월이 길어지다 보니 아버지의 '청춘'의 시간은 온통 전답 개간하는 일에 바쳐졌을 것은 불문가지. 그 깽변을 개간하는 아버지 곁에서 유년을 보낸 화자 또한 그때부터 땅에의 애정을 배웠을 것이다. 그걸 표현한 것이 "내 단전에/멍울멍울 달라붙"은 애착을 확인하는 일이었고 그날의 일을 회상하는 자리에 아는지 모르는지 "아직도 냇물은/아버지의 핏줄 마냥 울퉁불퉁 흐르고 있다"고 한 표현에서 시적화자만의 남다른 감회를 읽을 수 있다.

* "폐포를 힘껏 키워/원두막 냄새를 훔치다"

아닌 게 아니라 자갈밭을 오가며 개간에 매달린 아버지의 시간은 흡사 맨발로 깽변을 걷듯 몹시도 울퉁불퉁한 시간이었을 것이다. 화자의 깽변에 대한 지난날의 회상이 장히 결곡하고 극진한 것은 그 시절 상황들을 이리 여실히 보여주는 간절함 때문이다. 흐르는 냇물을 매개로 풍경화처럼 그려나간 화자의 깽변 이야기가 가감 없이 진실하게 다가온다. 우리가 독서한 '깽변'은 '갱변'의 경음화 표기임은 물론이다. 그리고 사전에 소개한 이 말의 의미는 '바닷가' 또는 '강변'을 이르는 전라남도 방언이라고 소개하고 있다. 그러나 작품에 쓰이기로는 광역화한 의미일 것이며 '여느 냇가'를 이르는 말로 읽어도 무방하다고 여겨진다.

> 우리밭 헹기실 뒷밭 옆에
> 토마토밭 제갈아짐 원두막이 있었다
> 뒷밭에 갈 때마다 번지는 냄새
> 꽃이 필 때면 더 알싸한 그 맛
> 오늘은 베란다 토마토 모종이 꽃을 피웠다
> 제갈아짐의 원두막 냄새까지 옮겨 온다
> 나는 폐포를 힘껏 키워
> 원두막 냄새를 훔친다
> 사방으로 번져간다
> ─「번지다」

〈번지다〉는 꽃이 피어난 자리에 "제갈아짐의 원두막 냄새까지"를 '번짐'현상을 빌어 취각화한 언어를 읽을 수 있다. 한자리에서 특이함과 절묘함이 어우러져 작품의 골격을 이루고 있는 이 작품에서 우리는 시인의 '헹기실 뒷밭 옆'에 토마토를 재배하는 '제갈아짐의 원두막'이 있던 자리에서 시작되는 이야기를 읽을 수 있다. 그곳 뒷밭에만 가면 생각처럼 번져오는 냄새 하나가 있었다. 그 냄새는 "꽃이 필 때면 더 알싸한" 맛이 느껴질 만큼 인상 깊은 꽃 같은 냄새였었다.

화자가 작품진행의 화제를 바꾸는 대목에서 '오늘'은 '베란다의 토마토 모종이 꽃을 피'운 바로 '그날'이었다. 그곳에서 화자는 기분 좋은 제갈아짐의 원두막 냄새를 마치 토마토 모종을 옮기듯 베란다로 가져온 것이다. 그리고 그 냄새를 하나라도 놓칠 새라 화자는

"폐포를 힘껏 키워/원두막 냄새를 훔친다"고 한 것은 언어적 미세함과 미묘함을 하나로 시각화 한 것이다. 심호흡 한 번으로도 우주를 몽땅 들이킬 만큼 이 말에는 사뭇 원두막 주변에 번진 훔치고 싶은 냄새로 화자는 양어깨를 제치고 양껏 호흡할 수 있었던 것이다.

  그걸 일러 시인은 원두막 냄새 모두를 훔친다고 했을 것이다. 그리고 냄새를 훔친 화자 자신의 냄새 또한 사방으로 번져간다는 파급력이 이 같은 현상에 다다를 수 있었다. 작품에서 '번지다'는 일차적 의미는 시각과 취각 등을 오르내리는 혼용된 언어현상으로 작품을 오르내리는 정서적 특이함이 환치되는 것을 읽을 수 있다.

    빨랫줄에 묶인 햇살이

    등짝을 살며시 내어준다

    배시시 고개 내민 수선화 꽃목

    이리저리 흔들리며 조용하다

    노구를 끌고 나온 할매

    따뜻한 녀석들을 만나려고

    고택 헐린 담벼락에

    아직도 쭈그리고 앉아있다
                     _ 「봄 햇살」

〈봄햇살〉은 봄날 양지 바른 '고택 헐린' 담벼락에 '아직도 쭈그리고 앉아 있'는 할머니 한 분의 광경을 노래하고 있다. 햇빛 좋은 날, 빨랫줄에 빨래들이 니 등짝 내 등짝을 맞대며 고슬고슬 마르고 있을 것은 쉽게 상상할 수 있는 일이다. 그 틈에 어여쁜 새색시처럼 "배시시 고개 내민 수선화 꽃목"이 그날따라 봄바람을 만나 조용하면서도 부드럽게 흔들리는 모습을 보여주어 세상에 이만한 평화경이 있을까 싶게 대자연의 정밀감靜謐感 또한 넘치고 있다.

　대비되는 자리에 "노구를 끌고 나온 할매" 한 분이 등장한다. 시골에서 살아본 이는 보았음직한 풍경으로 고택 헐린 담벼락 자리에 양지가 찾아오면 봄볕을 쬐고 있는 할머니의 모습이 미세한 흔들림도 없이 흡사 정물이나 된 듯 오래도록 앉아있다. 옛날에는 이 같은 광경은 흔한 풍경이었는데도 지금에는 정겨움이 절로 묻어나는 장면이 되어버렸다. 배시시 고개 내민 수선화의 꽃목과 담벼락 헐린 자리에 쭈그리고 앉아서 햇볕을 쬐고 있는 할머니의 모습은 대비되는 사물적 관찰이면서 '햇살'이라는 공통분모에 수렴되는 퍽이나 평화로운 형상이 아닐 수 없다.

　〈봄 햇살〉은 한자리에서 더할 수 없는 정밀감이 읽히는 작품이다. 이야기를 이어가자면 봄볕에 자란 수선화 등속으로 머리를 감던 시절의 풍습은 요즘 세상에서는 귀한 일로 회자되곤 한다. 세상이 발달하고 움직임이 활발한 우리들의 시대에는 옛날 사람들의 삶의 모습은 화석에서나 발견되는 것처럼 외려 아련하게 젖어들곤 한다. 빨랫줄에 묶인 햇살이 살머시 등짝을 내어주고 수선화는 배시시 꽃목을 세워 이리저리 흔들리고 노구를 끌고 나온 할머니는 고택 헐린 담벼락 햇살 아래 '아직도' 쭈그려 앉아있는 모습으로 더할 나위없는 삶의 여백을 느끼게 한다.

 굳이 예를 들자면 담벼락에 쭈그리고 앉아서 따뜻한 봄 햇살을 쬐는 할머니의 모습은 그리스 키니코스학파의 대표 철학자인 디오게네스가 일광욕을 즐기고 있을 때 알렉산드로스대왕이 찾아와서 소원을 묻자 아무것도 필요 없으니 가리고 있는 햇빛이나 비켜달라고 했다는 그 값을 매길 수 없을 만큼의 날 좋은 날의 행복감이 고스란히 녹아나는 작품이라고 하겠다.

 꽉 걸어 잠근 자물쇠통 쬐끔씩

 뻬집고 열어본다

 노래를 부르려 하고

 책을 보려 하고

 사물을 세밀히 관찰하게 되고

 신기하게 자물쇠는

 내 애잔한 머언 기억 몇 개를

농익은 들판처럼 풍성하게 더해 준다

  예사소리, 상상력, 체험, 시적 긴장

  이런 용어들

  단조로운 내 삶을 깨운다

  오늘은 유년의 할머니 품을 꺼내어

  시 창고의 자물쇠통을 크게 열어 제껴본다
  _「詩作」

자물쇠통 안에 살아가면서 형성된 여러 생각들을 담아서 잠가두고 있다. 그것들은 하나하나 시인이 관찰한 것들을 언어적 변환으로 바꾸면서 형상화한 한 편 한 편의 시작품으로 읽을 때는 시인이 마련한 "예사소리, 상상력, 체험, 시적 긴장" 등을 시적 장치에 투입하면 그것들은 언어의 시적 효과는 물론 시인이 의도한 대로 읽히는 것을 볼 수 있다. 요컨대 시 창작은 일상적인 사물들의 일차적 의미를 새롭고도 특이하게 일깨워서 형상적 새로움에 나아가는 일에 다름 아니다.

   * "시인은 생래적 언어로 고독을 노래하는 단독자."

 언어가 시작품으로 태어나면 이전의 존재와는 전혀 다른 의미적 새로움이 읽히는 것을 목도할 수 있다. 시인을

제2의 조물주라 부르는 이유 또한 언어를 통한 이 같은 변환에서 비롯되는 것임은 물론이다. 아르키메데스가 "나에게 지렛대와 받침을 다오 그러면 지구도 들어 올리겠다."고 했을 때 사람들은 그의 파천황적 선언에 적이 놀랐던 것이다. 그러나 정말로 시인에게 언어를 제공하면 시인은 능소능대 무소불위한 세상을 새롭게 창조하는 절대자로 몸 바꾸게 된다. 시인은 일단 눈앞의 사물이나 생각들을 관찰하는 데서 시 창작의 대장정이 시작되는 것임은 말할 것도 없다.

시인은 세상 사람들의 정서적 영토에 감동의 언어로 집 짓는 자이다. 그런 의미에서 시인은 사물들과 맞대응한 행복한 관찰자가 된다. 시인에게 사물은 저마다 자신에 맞는 관찰된 언어의 옷을 입고 새롭고도 특이한 모습으로 다시 태어난다. 시를 통한 행복한 관찰자의 모습은 신은주 시인에게서도 어김없이 드러나는 것을 볼 수 있다.

언어에 관한 한 시인은 통상적으로 권력자의 모습을 지니게 되고 세상에 존재하는 오만가지 사물들은 시인의 눈길과 언어를 통해 다시 태어나게 한다. 그리고 누구보다 먼저 보고 특이한 표현으로 감동을 발언하는 자가 시인이다. 시인은 사람들이 잠든 시간에 저마다의 산마루에 오르고 조망한 세상을 자신만의 언어로 노래하는 사람이니 천성적으로 시인은 고독할 수밖에 없다. 그래서 시인 랭보도 "시인은 생래적 언어로 고독을 노래하는 단독자."라고 말했으리라. 이 대목쯤에서 사물

앞에서 잠 못 들어 하는 신은주 시인의 언어적 노심초사를 그려보게 된다.

시인이 사물과 세상을 노래하는 자리에는 항용 '그리움'이라는 생래적 언어가 동반하고 있다. 비너스가 물거품에서 태어난 환상적 아름다움이듯 시인은 풍성한 언어적 궁성에서 배태한 그리움을 갖가지 존재들로 탄생시킨다. 그런 의미에서 시인에게 그리움의 유무는 시작품의 성공과 등가를 이루는 필요 충분적 조건이라 하겠다. 그리움이 빈약하거나 바닥을 치면 시인은 그날로 백수건달이 되는 것이다. 김선달이 대동강물을 팔아 세상 사람들을 놀라게 했듯 시인은 그리움으로 장사하여 살아가는 그리움 장사꾼이다.

그리 보면 시인은 시작품을 창작하는 사람인데 그에게 중요한 것은 그의 시적 성공을 돕는 그리움이 얼마나 풍성한가의 문제로 귀착된다는 사실을 알 수 있다. 그만큼 시인에게 그리움은 절대한 생래적 가치이며 그리움의 유무가 시작품의 성공과 발전에 맞물려있다고 할 때 신은주 시인의 가슴 가슴에 파종한 고향이나 일상에서의 여러 품목들은 그의 문학을 재는 바로메타가 되기에 부족함이 없다.

제목으로 읽은 '시작詩作'은 신은주 시인이 시작품을 창작하는 일을 고스란히 발언하고 있다. 신은주 시인이 의도한 '시작'은 잠근 자물쇠통을 삐집고 여러 생각들을 열어 보이는 일이었다. 시인은 노래를 부르거나 책을 보려 할 때 "사물을 세밀히 관찰하"는 과정을 거치는데

'신기하게도' 자물쇠는 '내 애잔한' 기억 몇 개를 소환하는 일에서 그의 시 창작이 도모되고 있다. 시인이 말한 이때의 '기억'은 그리움을 대신하는 언어이고 이에서 읽은 황금물결로 일렁이는 '농익은 들판'에는 시인의 일상적 단조로움을 일깨우는 갖가지의 곡식들이 필요충분적 언어로 어우러진 것이다.

"시창고의 자물쇠통을 크게 열어" 신은주 시인이 '시작'이란 작품을 쓰는 '오늘'은 시인의 유년에 그리도 자별하시던 할머니의 품을 열어 그가 꿈꾸는 상상력을 무한 투입하여 노래하는 일이었다. 그 같은 차원에서 작품에서 읽은 '노래'와 '책'은 시작품의 또 다른 표기일 수 있었고 자물쇠통에 잠긴 여러 사물이나 생각들을 새롭고도 특이하게 노래하는 신은주 시인의 시적 세계는 그만의 언어적 다짐과 개성이 넘치는 남다른 흐름 또한 살필 수 있었다.

> 오늘도 부지런히 화산재를 청소하고 있을 너
> 별나라에서 날 보고 있을까?
> 무료함이 이끌 때야만 가끔씩
> 널 만나곤 해
>
> 그런데 오늘은 자유로운 영혼의 주인장에게
> 길들여지고 싶어져서
> 너의 몸속으로 살짝 입장해 본다
>
> 너처럼 별에 번호를 매기지는 않지만
> 나도 그렇게 하고 싶은 행성이 생겼어

일명 손이 기괴하고 자유로운 영혼이 주인인 곳이야

널 통해서 길들여지는 걸 배웠다면
이 자유로운 영혼이 사는 곳에서는
너는 내 주인장이야

너처럼 별과 별을 건너뛰지는 않지만
이팝나무 꽃잎이 걸어 다니는 거리를 지나
광우당 한약방 2층 옆에 꽃 한 송이 피웠지

"동 끄며 일 땐 꽉 찬, 걸쳐 있을 땐 걸쳐 진 소리를 내보세요
가슴속에 돌의 크기는 다 달라요
자신에 크기에 맞는 삽으로 한번 돌을 캐내어 보세요"

지금도 꽃에 열심히 물을 주고 있을 어린 왕자야
오늘도 난 자유로운 영혼에 깊은 것들을 뺏어오려고
힘센 주인장의 별에 가만가만 노크해본다
_ 「어린 왕자에게」

    소설 『어린왕자』는 전 세계적으로 1억 4천만 부가 팔려 출판사상 최대의 판매부수를 기록한 책들 중 하나라고 한다. 이 책은 현재까지 301개의 언어와 방언으로 번역되었으며 「나무위키」에 따르면 어린왕자는 프랑스 공군 비행사이자 작가인 앙투안 드 생텍쥐페리(Antoine de Saint-Exupéry)가 1943년 발표한 소설이자 유작이기도 하다. 이 소설이 미국에서 처음 발간될 당시에 다음과 같은 재미있는 일화가 전한다. 생텍쥐페리가 뉴욕에 체류 중이던 1942년, 미국의 담당 출판

업자인 유진 레이널(Eugene Reynal)과 저녁식사를 하던 중에 냅킨에 낙서로 아이 한 명을 그렸는데 그 자리의 유진 레이널이 그 그림을 보고 생택쥐페리더러 "크리스마스 전까지 이 아이를 소재로 동화를 쓰면 참 좋을" 것 같다고 제안한 것이 이 소설이 탄생한 계기가 되었다고 한다.

* "이팝나무 꽃잎이 걸어 다니는 거리에서"

어린 왕자의 기본 모티브는 '체코 프라하의 아기예수상'이라고 알려져 있다. 또한 작품 중의 화자인 조종사는 생택쥐페리 본인이며 1935년 사하라사막에 불시착한 부조종사와 함께 5일 동안을 마실 물 한 방울 없이 고립되어 있다가 기적적으로 구출된 적이 있었는데 그때에 경험한 환상과 영감을 작품의 모티브로 삼았다고 한다.

작품 속의 시적화자는 사막여우처럼 어린 왕자에게 길들여지고 싶다고 하였는데 소설 속에서 사막여우가 한 말을 보면 단박 존재적 상황을 알 수 있는 부분이기도 하다.

"가장 중요한 건 눈에 보이지 않아(내가 너에게 길들여진다면)

너는 나에게 이 세상에 단 하나뿐인 존재가 되는 거고, 나도 너에게 세상에 유일한 존재가 되는 거야."

이 작품이 아니고도 누군가에게 길들여진다는 것은

어느 의미에서는 가슴 뭉클한 일일지 모른다. 시적 화자는 어린 왕자에게 다음과 같은 고백을 한다. "자유로운 영혼"인 어린 왕자에게 "길들여지고 싶어서" "너는 내 주인장이야"라고. 그러면서 그 같은 상태에서 길들여진 나는 다음과 같은 아포리즘을 깨닫게 된다. "동그라미 일 땐 꽉 찬, 걸쳐 있을 땐 걸쳐진 소리를 내보세요. 가슴속에 돌의 크기는 모두가 달라요 자신에게 크기에 맞는 삽으로 한번 돌을 캐내어 보세요." 위 대사에서 떠올린 시적화자의 생각은 그에서 끝나지 않고 욕심이 더더욱 커지는 쪽으로 나아간다는 것이다. 그러면서 "오늘도 난 자유로운 영혼에 깊은 것들을 뺏어오려고/힘센 주인장의 별에 가만가만 노크해본다"고 했다.

  어린 왕자가 간직한 생의 비밀을 더 많이 뺏어오기 위해 화자는 오늘도 소설 『어린왕자』속으로 더 깊이 침잠해 가는 중이다. 위의 작품 〈어린 왕자에게〉는 소설 한 권의 독서로 인한 시인의 무한상상력이 또 다른 작품으로 나아가는 것을 볼 수 있다. 화산재를 청소하면서 별나라에서 보낸 시선을 통해 어린 왕자를 만나곤 한다는 화자의 이야기는 고백적이면서도 무료하고 무료한가하면 은근하다. 화자는 '영혼의 주인장'인 너에게 '길들여지고 싶어져서' "너의 몸속으로 살짝 입장해 본다"는 고백조의 표현을 보이면서 '널 통해 길들여진다는' 것이 '자유로운 영혼'이 거처하는 일이라고 했다. 그러면서 그곳에서 비로소 영혼의 주인공을 만나는 일이라는 고백은 스미듯이 아름답고 직핍하다.

그런 다음 화자 또한 "너처럼 별과 별을 건너뛰지는 않지만" 너로 하여 "이팝나무 꽃잎이 걸어 다니는 거리를 지나" "광우당 한약방 2층 옆에 꽃 한 송이 피"웠다는 사실은 별과 별을 건너 뛴 것만큼이나 자신의 영혼이 만개하는 일이었을 것이다. 그러면서 마무리에서 들려준 이야기는 자유로운 영혼 위에 뿌리내린 꽃들에게 여전히 물을 주고 있을 어린 왕자는 '지금도' 힘센 주인장이라고 했다. 그리고 그 같은 가슴 속에 '자신의 크기에 맞게' 묻혀있는 돌들을 캐내는 작업을 열심히 물을 주거나 가만가만 별을 노크해보는 일에 견주고 있다.

  시적 표현이나 언어적 변환성이 두루 적합하게 어울린 〈어린 왕자에게〉에서 우리가 캐낼 수 있는 사실은 지상에 뒹구는 돌의 크기가 저마다 다른 것처럼 피워낸 꽃의 크기 또한 다른 것임을 자신만의 운명처럼 인지할 수 있다는 사실이다.

  원작으로서 〈어린 왕자〉는 사막에서 만난 여우가 어린 왕자에게 '관계'에 대해서 알려주는 방식으로 어린 왕자의 순수한 눈에 어른들의 세계가 드러나 있다. 그러면서 현대인들의 공허한 삶과 이의 극복을 위한 가치정신을 깨우치는 작품으로 나아가고 있다. 여기에는 어른들의 메마른 삶과 현실에 대한 1인칭 관찰자시점의 비판을 담아낸 작품이라는 점에서 신은주 시인의 비범한 시적 차용이나 운용 또한 가감 없이 읽힌다고 하겠다.

발바닥에 몇 겹의 또아리를 이끄시고
돌뿐인 논바닥에 호미모를 심는다
옆집 은초 엄마는
"왔다메 징한거, 이것이 뭣이여
이래 갔꼬 나락이나 나오겄어"
하시며 안타깝게 눈을 홀기신다

그런데 당신은
"아야! 니 딸하고 이 나무 그늘에서
새참 먹을 때가 있을 것이다"하며
돌밭뿐인 깽변에 기어이 함께 나무를 심으셨다

오늘은
그늘 그 큰나무 밑에서
당신의 18번인 타향살이를 읊조립니다.
　　　　　　　　　　　　　　－「아버지」

　신은주 시인의 이번 시집에서 전체적인 주제어를 한 단어에 모은다면 '아버지'라는 것이 보다 마땅할 것이다. 그리고 작품에서 읽은 '그늘 큰나무'는 제목으로 보여준 아버지를 그 같은 상징어로 표현한 것이 아니었을까 싶다. "그늘이 큰나무 밑"에서 아버지가 "당신의 18번인 타향살이를 읊조"리던 일을 '오늘'따라 유난히도 그립고 또 그리운 사람이 또한 아버지인 것을 화자의 회상을 통해 읽을 수 있다.
　"돌뿐인 논바닥에 호미모를 심는다"거나 '옆집 은초 엄마'가 '왔다메' 징허다면서 "이래 갔꼬 나락이나 나오겄어"로 미루어 생각해보면 작품 속에서 읽히는 논

배미는 직접 모를 꽂기가 힘들 만큼 자갈천지였던 아버지가 개간한 깽변의 바로 그 논이다. 그도 그럴 것이 자갈밭을 개간한 뒤에는 필수적으로 자갈을 들어내야 하고 복토 또한 해야 하는 상태의 논바닥에서 무슨 소출이 나올까 싶었을 것이다.

〈깽변〉이란 작품은 이 같은 현상적 진실이 가감 없이 읽히는 터이고 돌자갈 투성이 '깽변'을 논으로 일궜으니 당장에 모를 꽂을 만큼의 옥토까지는 상당한 시간이 흘렀다는 얘기도 된다. 그 연장선상에서 화자의 아버지는 행복하게 농사관리하며 딸내미하고 새참 먹을 때를 생각하며 돌밭뿐인 깽변에다 '고집스럽게'('기어이') 나무를 심으셨다. 독자의 한 사람으로서 필자는 작품 속의 '기어이'를 '고집스럽게'로 읽을 수 밖에 없었음을 밝히는 것이다.

*돌들은 탑이 되고 사람의 복을 밝히는…

그리고 네 번째 연의 '오늘'은 이전까지의 시간들을 완전히 뒤집어놓고 그간에 흐른 수많은 세월만큼 그 당시 식재한 나무가 '그늘 큰 나무'로 성장을 했었다에 이르러 지난날을 소환하듯 아버지의 36번인 '타향살이'로 이어지는 모습은 금방이라도 눈물이 고일 것 같은 아련함에 젖게 한다. 이 작품을 전체적으로 엄위하고 있는 정조情調는 전답벌이에 모아진다. 그리고 화자의 아버지 입장에서 갖은 고생을 감내하며 깽변 땅을 개간은 했지만 이것, 괜한 헛고생만 한 것은 아닌지 하는 염려 또한 읽히는 것을 숨기기는 어렵다. 이나 저나 그 같은 상황에서 아버지는 몇 가지 경우에서 한 가지를 선택할 만큼 여유 있는 상황이 아니었다. 그리고 어차피 이 같은 상황에서는 더는 물러설 자리가 없을 만큼의 배수진 또한 읽히는 것을 인지할 수 있다.

  어쨌든 화자에게 아버지는 더할 나위 없는 존재감으로 인식된다. "발바닥에 몇 겹의 또아리를 이끄시고"라는 표현에서 보듯 자갈논을 그냥 맨발로는 걷기가 어렵다 보니 그 방비책으로 짚신 같은 헝겊신발을 신으셨다는 말은 아니었을까를 상상해 본다. 그리고 손가락으로 직접 모를 꽂기가 어려우니 모내기가 어려운 곳을 찾아 호미로 땅을 파고 한 포기 한 포기 파종하듯이 모를 심었다는 장면에서 아직은 개간논이 모내기를 할 만큼 예사상황이 아님을 보이는 대목이다.

  논바닥의 자갈 때문에 곡식을 경작할 수 없었고 쌀에서 뉘나 돌을 고르듯이 힘들여 자갈들을 들어낸 다음 그것들의 돌무더기로 탑을 쌓는다는 신은주 시인의 '적공積功'의 마음은 한자리의 사리탑처럼 복락과 보람 또한 넘실거린다. 밭에서 꺼낸 돌들은 탑이 되고 사람의 복을 밝히는 공덕이 된다는 말은 공사판에서 아무렇게나 깨져서 널브러져 뒹굴던 벽돌조각이 종국에는 그 건물의 머릿돌이 된다는 성경말씀과도 일맥상통해 보인다.

    벼의 고개가 할미꽃이다
    들판은 출렁, 출렁

엄마는 "올해도 나락이 참 좋네" 하신다

석정리, 라고 쓰여진 돌비석을 뒤로 하고
내 멋진 쏘나타로 광주행 출발이다

엄마~ 노래해 봐

"♪참을 수가 없도록 ~ 이 가슴이 아파도"

왜 안 해 엄마 18번이잖아요

"아야 인자 못하겄어야
옛날에는 그래도 동네서 한소리 한다고 했는디
영 기억이 안난다
아 찔레꽃 해보자
찔레꽃 붉게 피~는 남쪽나라 내 고~향"

아고 엄마 지금도 한소리 하신디요
인제 찔레꽃 했으니까 다른 노래 생각해봐요

"아 찔레꽃 안 했지 찔~레꽃 붉게 피~는 남쪽나라 내 고향"

능주에서도 화순에서도 찔레꽃은 돌고 돌다가
집 앞에 와서야 멈췄다
　　　　　　　　　　_「기억의 건널목」

　이번 시집 평설의 마지막 작품으로 〈기억의 건널목〉을 고를 수 있었다. 신은주 시인의 기억의 건널목에는 무엇이 어우러져 그 많은 작품들이 탄생했을까. 필자의

이 같은 질문 앞에 위의 작품이 함유하고 있는 곡진하면서도 진중한 가슴 시린 여러 이야기가 떠오른다. 허나 특징적으로 미적 상관물인 '찔레꽃'이 이 작품을 지탱하는 골격으로 읽히는 것도 눈 여겨 볼 대목이다.

화자가 직접 밝히지는 않았지만 엄마의 입을 통해 '엄마의 18번'인 노래 '찔레꽃'이 "능주에서도 화순에서도" 레코드판이 돌고 돌 듯 계속 이어지다가 "집 앞에 와서야" 멈췄다는 대목에서는 화자의 오늘을 만든 서사적 흐름이 동시에 읽히는 것을 볼 수 있다. 노래 '찔레꽃' 가사에서도 확인되지만 '남쪽 나라', '언덕 위에 초가삼간', '눈물 젖은 이별가', '못 잊을 사람' 등등에서 흘러간 실제의 시간들을 펼치자면 개인의 역사에서 한 나라의 굴곡 많은 현대사까지 관계 짓기 어려운 여러 사물적 시간들이 인간사회를 밝히는 아련한 여러 표현이 되어 화로에 묻어둔 '그리움'에의 언어들로 되살아나고 있다.

'기억'은 이전의 인상이나 경험들을 자의식 상태에서 간직하거나 생각해 내는 일을 이르는 말이다. 그런가 하면 "지나간 일을 돌이켜 생각해내는 일"을 말하기도 한다. 마찬가지로 위의 작품은 기억의 언어라기보다는 추억에 가까운 심정적 표현이 아닐까를 생각게 한다. 여하튼 하늘은 높고 황금 벼가 들판을 가득 출렁이는 가을날 엄마는 올해도 찾아온 풍년이 마냥 좋기만 하신 모양이다.

돌비석에 새겨진 고향마을 '석정리'의 나들이를 끝내고

광주로 출발하는 차중에서 어머니는 평소 곧잘 부르시던 '찔레꽃'이 등장한다. 작품에서 읽은, 둘러본 들녘의 황금나락은 아버지가 개간했던 '돌밭뿐인'(〈아버지〉) '깽변 논'이 옥토가 되고 현재의 모습처럼 경작된 것으로 보인다. 그러니까 해를 거듭하면서 논바닥의 자갈들을 들어내다 보면 '자갈논'은 어느새 여느 논처럼 옥토로 변해 있었던 것이다.

그리고 화자의 또 다른 말에서도 알 수 있듯 어머니가 던진 "올해도 나락이 참 좋네"라는 말 속에는 지난 세월에 대한 깊은 회한이 읽히는 것을 알 수 있다. "참을 수가 없도록 '이 가슴'이 아프"게 살아온 어머니의 세월에는 그 시절을 살아본 이가 아니면 상상조차 어려운, 공유된 심정적 세계가 숨 쉬고 있다. 그리고 이 같은 시절에의 생각들은 감아둔 테이프를 풀어내듯 어머니가 펼쳐낸 지난 시간을 효과음처럼, 아니 파노라마처럼 눈에 비친 사물의 면면을 읽을 수 있다.

* '펜은 마음의 혀', 마음을 발설하다

"시인은 독자에게 그리움을 팔아먹는 장사꾼이다."라는 말을 다시금 반복 소환한다. 신은주 시인의 작품들 또한 자신을 돌아보고 성찰하는 지난 시간은 그리움의 아련함이 흐르고 있는 것을 여실히 보여주고 있다. 자기 언어에 대한 절제와 공감을 불러일으키는 시적 능력은 그만의 개성적인 표현을 통한 깊이의 문제에 기인한다. 신은주 시인의 언어적 서정성은 독자의 입장에서도 시를 읽는 재미에 빠져들게 하는 매력임이 분명하다. 사물에 대한 관심이나 인간적 연민을 언어적 함축미와 간결성으로 연결시키는 신은주 시인의 서정적 사유와 묘사는 시 창작상의 비범함으로 이어진다고 하겠다. 그 중에서도 자신만의 주변 이야기를 채움과 비움을 통해 조용하고도 은밀하게 펼쳐내는 그의 시적 여운이야말로 한껏 서정의 아름다움을 직조하는 일과도 관련된다고 할 것이다. 그것은 또한 신은주 시인의 언어의 주파수가 사뭇 조용하면서도 영속적이라는 의미이기도 하다.

'펜은 마음의 혀'(『돈키호테』)라는 말이 있다. 그런가 하면 "시인의 언어는 순교자의 피보다 맑다."라고 말한 철학자도 있다. 이 말들은 마음이 받아낸 사물에의 느낌이 그만큼 자별함을 시의 언어로 표현하는 일에 다름 아니며 이를 감각화해서 이르는 말들이다. 마음이 작정한 바를 절차탁마로 발설하는 일은 마음을 펜이 감당한다는 말로 치환할 수 있고 이는 인간 세상은 언어로 펼치는 직 간접의 현장이라는 의미이기도 하다. 그런가 하면 시인의 언어가 갖는 염결성이 시인의 시적 개성과 맞물리면서 극적 아름다움을 자연스럽게 생성한다는 것이기도 하고.

어느 하룬들 펜과 마음이 묶이지 않은 적 있으랴 싶게 신은주 시인의 언어는 끊임없는 역동성 또한 느낄 수 있었다. 몸이 알아차린 느낌을 마음 마음에 토스하다보면 마음이 그것들을 받아들여 구체적인 색깔과 형태로 빚어내는 것이 문학의 언어라고 할 수 있다. 신은주 시인의 첫 시집 『밭에서 꺼낸 돌들은 탑이 되고』에다 '펜은 마음의 혀', '시인의 언어는 순교자의 피보다 맑다'라는 시적 명제를 선사하면서, 이번 시집에서 신은주 시인 자신만의 언어적 광채로 다시 태어난 것처럼 이후로도 갈피갈피 수고가 스민 더 많은 감동을 괄목상대하게 노래하라고 등 두드려주고 싶다. 그의 언어는 그만큼 순수하고 정갈하며 보편에 나아가는 신은주 시인만의 개성에 터 잡고 있기 때문이다.

현대문예 작가선 · 172

밭에서 깨번 돌은 탑이 되고

지 은 이 / 신 은 주
발 행 인 / 황 하 택

찍 은 날 / 2024년 3월 15일
펴 낸 날 / 2024년 3월 17일
발 행 처 / 도서출판 현대문예

주　　소 / 광주광역시 동구 천변우로 361-6
전　　화 / (062)226-3355 팩스 (062)222-7221
cafe.daum.net/ht3355
E-mail / ht3355@hanmail.net

등록번호 / 제05-01-0260호
등록일자 / 2001년 12월 31일

정가 12,000원
ISBN 978-89-94028-99-6 (03800)

* 잘못된 책은 구입처에서 바꿔드립니다.